PERDIDO NO OCEANO DA AGILIDADE

por René Schröder

Sobre o autor

René Schröder está na vanguarda da revolução ágil. É um mestre da mudança com uma capacidade notável de introduzir a agilidade na espinha dorsal das organizações. Com mais de duas décadas de experiência, tira da manga estratégias personalizadas para diversos sectores e transforma desafios em histórias de sucesso. A sua abordagem é pragmática e centra-se sempre na singularidade de cada empresa.

Como autor da trilogia "A História do Panda" e orador experiente, René Schröder oferece uma mistura de sabedoria e retórica motivacional. A sua presença em palco é aspiracional, as suas publicações são sinais de orientação por entre a complexidade empresarial.

Na árca da consultoria ágil, René Schröder é um arquiteto de soluções personalizadas que

3

moldam e adaptam equipas e estruturas para responder às exigências em constante mudança do mundo empresarial. Visão clara, implementação pragmática e sucesso mensurável caracterizam a sua colaboração com empresas que embarcam na viagem para a excelência ágil.

Twitter	
Instagram	
Youtube	
LinkedIn	
Blogue	

PERDIDO NO OCEANO DA AGILIDADE

Navegar contra a maré
Ultrapassar o nevoeiro da agilidade e manter o rumo

René Schröder

1ª edição, 51.2023

© 2023 Autor: René Schröder

Ilustrações: René Schröder

Crítica escrita por: Emanuel

Capa do livro: Valentina P.

- Todos os direitos reservados.

RegSus Consulting GmbH, Munique

r.schroeder@regsus.de

Conteúdo

Dedicatória

Para a minha querida esposa Julia,

O teu apoio incessante, a tua sabedoria e o teu amor incondicional são a bússola que me guia nas águas mais tempestuosas. Nas inúmeras horas que passei a mergulhar nas profundezas da agilidade, foste a minha âncora, mantendo-me firme à realidade e enchendo as minhas velas de inspiração e coragem. Sem a tua força e compreensão, esta viagem ao desconhecido não teria sido possível. És mais do que a minha companhira de vida; és a força silenciosa por detrás de cada palavra que escrevo.

Aos meus filhos Jason e Jasmin,

São as estrelas na minha noite mais escura, lembrando-me sempre porque é que embarquei nesta viagem. A sua curiosidade infantil e o seu otimismo desenfreado sempre me fizeram lembrar que a maior aventura não está em descobrir novos mundos, mas em ver o mundo através dos olhos eles. O seu riso e a sua alegria recordam-me diariamente que o verdadeiro tesouro da vida está escondido nos pequenos momentos que passamos juntos.

Com amor e gratidão.

Prefácio por Javier Rodriguez Gonzalez

Como líder de uma empresa de consultoria global, tive o privilégio de trabalhar com uma grande variedade de clientes de múltiplos sectores em diferentes regiões do mundo. O facto de ter vivido culturas diferentes em vários países, e de ter passado altos e baixos nos mercados de capitais globais, deu-me uma compreensão ampla e profunda dos desafios, oportunidades e armadilhas das empresas actuais.

Ao longo da minha carreira, tenho estado empenhado numa busca de conhecimento, compreendendo diferentes perspectivas e complementando os meus próprios pontos de vista com os de especialistas de outras disciplinas e outras formas de resolver problemas. Foi neste contexto que conheci René Schröder há alguns anos. Hoje, considero-o orgulhosamente um amigo próximo e um profissional excecional, e é por isso que estou particularmente entusiasmado por escrever o prefácio do seu último livro "Perdido no oceano da agilidade".

Na minha função atual, ajudo inúmeras empresas internacionais e empresas de capital privado a navegar nos mares agitados de mercados em constante mudança, tecnologias em mutação e organizações humanas cada vez mais complexas. Os princípios e ideias descritos neste livro reflectem as situações reais enfrentadas pelas empresas de hoje, afastando-se de quadros puramente teóricos e centrando-se na aplicação da agilidade como um método para transformar a forma como vemos o mercado, o produto e as pessoas. A metáfora das "3 estradas para a felicidade" engloba comportamentos que tenho visto com demasiada frequência no mercado, como o de empresas que se agarram a mapas desactualizados de soluções, que tentam construir um navio a partir das peças antagónicas que têm à mão e que navegam pela noite sem uma direção ou destino claros.

"Perdido no oceano da agilidade" não só fornece uma análise abrangente dos obstáculos que as organizações enfrentam quando embarcam na sua viagem rumo à agilidade, como também fornece estratégias práticas e soluções aplicáveis que eu consideraria essenciais para alcançar mudanças duradouras e resultados tangíveis. A capacidade de "dançar na tempestade", como diz René, é uma arte difícil de dominar, que é frequentemente caraterística dos grandes líderes que alcançam o sucesso vezes sem conta, abandonando os insuportáveis controlos de governação das organizações actuais e fomentando, em vez disso, uma cultura de adaptabilidade, resiliência e aprendizagem contínua. À medida que o mercado se torna mais complicado, complexo e mutável, é evidente que a solução não pode ser a implementação de quadros mais rígidos e prescritivos, mas sim uma adaptação mais rápida e menos traumática às novas circunstâncias. Sorriam na tempestade, pois as vossas competências funcionam tempos de águas agitadas e barcos ágeis.

Eu próprio experimentei a forma como a aplicação das ideias descritas neste livro ajudou as organizações não só a sobreviver, mas sobretudo a prosperar na era da mudança, abraçando a imprevisibilidade natural do mercado e utilizando-a em seu próprio benefício. "Perdido no oceano da agilidade" é, portanto, mais do que uma simples leitura de negócios, um guia essencial para quem deseja crescer no mundo volátil dos negócios de hoje, sem recorrer a enquadramentos mais limitativos, mas melhorando o desenvolvimento do produto certo, no momento certo, para o cliente certo.

Recomendo vivamente este livro a todos os líderes e organizações que estejam a embarcar na viagem, por vezes aterradora e sempre proveitosa, da transformação ágil. Que as ideias e as estratégias descritas nele o ajudem a traçar o seu próprio percurso e que possa navegar nas ondas de mudança que o levarão ao seu destino desejado.

Deixo-vos com uma das minhas citações favoritas quando se inicia uma viagem de transformação, uma que muitas vezes coloca a equipa de liderança no caminho certo: "O segredo da mudança é concentrar toda a sua energia não na luta contra o antigo, mas na construção do novo", já dizia Sócrates.

Espero que desfrutem da leitura tanto quanto eu e obrigado ao meu querido amigo René por me ter deixado escrever estas palavras. És e serás sempre um farol no campo da agilidade, a brilhar num mundo imunitável, e uma pessoa extraordinária para.

Com os melhores cumprimentos
Javier Rodríguez
Diretor Global de Criação de Valor, KPMG

Introdução

Bem-vindo a bordo do "Agility", o navio que nos guiará pelas águas tempestuosas da vida empresarial moderna. O meu nome é René Schröder, o vosso capitão nesta viagem, e convido-vos a zarpar comigo numa jornada de descoberta que mudará para sempre a vossa forma de pensar, trabalhar e liderar.

Vocês, os corajosos navegadores do mundo empresarial, os executivos, gestores de projectos e equipas que não se contentam com o status quo, chegaram agora no sítio certo. Vocês são os inovadores e pioneiros que estão dispostos a desdobrar os velhos mapas e a explorar novos horizontes. Sabem que a verdadeira agilidade é mais do que uma palavra fashion: é um modo de vida, uma arte a ser dominada.

No meu livro "Perdido no Oceano da Agilidade", levá-lo-ei numa viagem ao longo dos três caminhos da agilidade. Deixaremos para trás os mapas precisos que prometem uma ilusão de controlo; ultrapassaremos o navio composto, o Wolpertinger, construído com base no desespero e em falsas suposições; e traremos à luz a expedição secreta que é conduzida mais pela esperança do que pela clareza.

Prepare-se para mergulhar nas profundezas da filosofia ágil, onde aprenderá que o verdadeiro tesouro não é a realização de um objetivo fixo, mas a própria viagem. É uma jornada cheia de lições que o ensinarão a dançar com as ondas em vez de as combater.

Este livro é mais do que uma coleção de páginas; é uma bússola para aqueles que estão prontos para levantar âncora e definir o rumo para um mundo em que a agilidade é o leme que nos guia através dos mares tempestuosos da mudança. Está pronto para navegar comigo rumo a este entusiasmante futuro? Então venha a bordo, vamos zarpar juntos.

Com os melhores cumprimentos
René Schröder

Estrutura do livro

Em "Perdido no Oceano da Agilidade", embarco numa viagem estruturada para o ajudar a compreender não só a teoria por detrás da agilidade, mas também como a colocar em prática. O livro está dividido em quatro partes principais que o guiarão através dos diferentes aspectos da transformação ágil.

Parte I: Os três caminhos para a (in)agilidade

Aqui exploramos os caminhos metafóricos que as organizações muitas vezes seguem quando embarcam na viagem da agilidade. Analisaremos os prós e os contras de cada caminho e compreenderemos por que razão algumas estratégias se desviam do seu objetivo, enquanto outras conduzem a um verdadeiro progresso.

Parte II: A odisseia marítima dos mapas de precisão

Nesta seção, vamos percorrer o primeiro caminho: a busca da perfeição através de um planeamento detalhado. Mostrar-lhe-ei porque é que demasiado controlo pode ser tão perigoso como nenhum, e como encontrar um equilíbrio entre preparação e flexibilidade.

Parte III: O Wolpertinger - Um navio de mitos

O segundo caminho conduz a um navio construído a partir das melhores partes de outros navios, ou pelo menos é isso que dá a entender. Iremos explorar as armadilhas das soluções que são demasiado únicas para serem verdadeiras e como desenvolver uma estratégia que se adapte realmente à sua organização.

Parte IV: A Expedição Secreta - Navegando na Escuridão

O terceiro caminho é o mais misterioso. Aqui, centrar-nos-emos nas organizações que avançam para a agilidade sem uma direção clara ou uma compreensão do destino. Mostrarei estratégias para sair desta escuridão rumo à luz e criar um ambiente em que todos os membros da equipa saibam como e porque são tomadas as decisões.

Conclusão: Dançar ao ritmo da tempestade

No final do livro, resumiremos as conclusões e discutiremos a arte de "dançar na tempestade": como viver e respirar a agilidade. Apresentarei passos e métodos concretos que o ajudarão não só a implementar a agilidade, mas também a torná-la parte integrante da sua cultura empresarial.

Os 3 caminhos para a felicidade?

Nos mares intermináveis do mercado, onde as tempestades surgem de um momento para o outro e o sucesso é tão fugaz como uma manhã de sol, as empresas aperceberam-se de que precisam de ajustar as suas velas de forma diferente. Os velhos métodos, outrora tão fiáveis como faróis em praias familiares, já não são suficientes para navegar nas águas agitadas das exigências dos clientes e da concorrência.

O primeiro caminho: uma viagem com mapas em que todos os ventos e todas as correntes estão registados, uma odisseia orquestrada com tanta precisão que nada é deixado ao acaso. É a ilusão do controlo, a promessa de segurança, de que se cada onda, cada rajada de vento for previsível, o navio chegará inevitavelmente ao seu porto de destino. Mas o mar é caprichoso, e nenhum plano, por mais pormenorizado que seja, pode prever o imponderável de cada momento no mar.

A segunda forma é um navio, montado como um Wolpertinger, uma criatura mítica na marinha, nascida do desespero e da falsa suposição de que apenas uma única peça pode resistir às tempestades. Juntam-se partes avulsas de outros navios, sem se perceber como é que elas reforçam o todo. É um caminho que promete ser único, que oferece uma solução, construído sobre a ideia de que só o que é especial e personalizado pode ter sucesso. No entanto, sem uma verdadeira compreensão do ofício que é a construção naval, não passa de um pesadelo flutuante, pronto a desfazer-se à primeira onda.

E depois há **a terceira via**: uma expedição secreta, uma tripulação abandonada no escuro enquanto os seus comandantes murmuram partes da primeira e segunda vias como se fossem orações aos deuses do mar. Navegam, mas às cegas, sem saber que o navio em que se encontram não tem um rumo certo, um mapa que valha a pena seguir. Apenas sussurros e ordens, mantidos no silêncio que inspira mais medo do que confiança.

Porque é que estes caminhos conduzem ao desastre? Porque não compreendem nem honram a imprevisibilidade do espírito humano, o caos da criatividade e da inovação, a natureza selvagem e indomável do próprio mercado. Tentam cartografar estrelas em constante movimento, domar um mar que se recusa a ser domado.

A verdadeira viagem - a viagem bem-sucedida - consiste em compreender que o mar, por mais imprevisível que seja, deve ser vivido à medida que surge. É prociso aprender a dançar na tempestade em vez de a tentar evitar, estar disposto a mudar o leme de acordo com o que as ondas nos dizem e não com o que os mapas ditam.

Significa ver a tripulação como mais do que meros receptores de ordens, permitindo-lhes fazer parte do próprio navio, pondo as suas mãos e corações na construção e navegação. Significa ver a viagem como uma experiência, uma aventura - incerta, sim, mas cheia de possibilidades.

O mar do empreendedorismo não pode ser controlado, mas pode ser vivido em toda a sua beleza crua e marés imprevisíveis. São os corajosos, aqueles que aprendem a navegar com o desconhecido, que não só sobrevivem, mas vivem verdadeiramente, deixando as suas histórias nas estrelas que iluminam o céu noturno para aqueles que ainda não navegaram.

A primeira estrada - A odisseia marítima dos mapas de precisão

Imagine um orgulhoso navio a zarpar de manhã cedo, enquanto os primeiros raios de sol tingem de dourado o horizonte enevoado. Não é um navio qualquer, mas o navio-almirante de um orgulhoso império comercial que está prestes a descobrir um novo mundo. A ReG Inc. vê-se neste magnífico navio, pronta para mergulhar nas águas desconhecidas da transformação.

Mas, antes de embarcar nesta viagem, cada milha do oceano é meticulosamente estudada nas câmaras de cartografia da empresa. Cada rajada de vento é prevista, cada onda é conhecida e cada tempestade é marcada nas cartas, que são tão detalhadas que até documentam o canto das sereias nas profundezas. Estas cartas náuticas não são apenas um plano: são uma promessa, uma garantia de que nada será deixado ao acaso.

31

Os líderes, os cartógrafos, contaram cada grão de areia no fundo do mar e estão convencidos de que os seus cálculos e previsões exactos os guiarão em segurança através das águas mais agitadas.

O navio é lançado ao mar e toda a tripulação está no convés, com os olhos fixos no horizonte bem definido. A tripulação, os empregados, permanecem atentos e preparados, porque confiam na sabedoria dos seus almirantes e na exatidão das suas cartas. Acreditam que cada tempestade, cada vento contrário, não passará de um pequeno inconveniente numa viagem perfeitamente planeada.

Mas o mar, tal como o mercado, é um animal vivo. Agita-se e enfurece-se com uma ferocidade imprevista e, em breve, o orgulhoso navio é abalado por turbulências que não constavam das cartas. As tempestades rebentam não onde se esperava, mas onde os cartógrafos tinham desenhado claramente os céus. Correntes desconhecidas, metafóricas de mudanças inesperadas no mercado, rasgam a quilha e as belas linhas dos mapas começam a desvanecer-se, encharcadas pelos salpicos de água salgada da realidade.

A tripulação começa a ficar nervosa e olha interrogativamente para os seus líderes, que estoicamente tentam esconder a sua incerteza enquanto redesenham os seus mapas no meio de um caos que não tinham previsto. Na sua arrogância, tinham acreditado que a natureza, tal como o mercado, seguia uma lógica linear, uma fórmula previsível que só tinham de decifrar para chegar em segurança ao seu destino.

Neste turbilhão de acontecimentos, alguns corajosos a bordo apercebem-se de que nenhum mapa, por mais exato que seja, pode alguma vez captar a volatilidade viva e pulsante do oceano. Começam a tomar o leme, ouvindo os seus instintos, a sua experiência e a sua compreensão do mar que percorreram.

A viagem da ReG Inc, este caminho de transformação totalmente planeado, já não é um périplo, mas uma batalha - não contra o mar, mas contra a ilusão de previsibilidade e controlo. À medida que se confrontam com a natureza imprevisível do mercado, aprendem que nenhuma viagem, especialmente uma viagem de transformação, é um percurso em linha reta do ponto A ao ponto B. É uma odisseia que exige adaptação. E também coragem e vontade de colocar de lado os mapas e deixar-se levar pelos ventos da mudança.

A Segunda Via - O Navio Wolpertinger

O segundo caminho que a ReG Inc. poderá seguir assemelha-se a um navio desordenado que faz lembrar o lendário Wolpertinger, um híbrido de várias criaturas que assume formas estranhas e inesperadas no folclore. Neste cenário, a empresa juntou peças de várias estruturas ágeis – um pouco de Scrum aqui, um pouco de Kanban ali, alguns princípios Lean e talvez até elementos de Extreme Programming. Cada peça foi selecionada na esperança de conseguir chegar à agilidade, à eficiência ou a qualquer outra caraterística atrativa prometida pela respectiva estrutura.

Mas, tal como um Wolpertinger em alto mar, este barco não é feito a partir de um único molde. Nasceu do desespero e da crença ilusória de que um veículo puramente único e personalizado - livre dos "constrangimentos" dos projetos tradicionais, experimentados e testados - estaria melhor equipado para navegar nos mares agitados do mercado. A direção acredita erradamente que esta criação Frankensteiniana de motodologias ágeis proporcionaria uma estrutura mais forte e mais resistente, uma vez que combina "o melhor de todos os mundos".

No entanto, esta abordagem carece de uma compreensão fundamental de como estes diferentes métodos e princípios devem trabalhar em conjunto e em sinergia. Não nos apercebemos de que cada estrutura ágil - tal como cada peça do navio - foi desenvolvida num contexto específico, com requisitos específicos que satisfaz e problemas específicos que aborda. Ao juntar as peças ao acaso, sem orientação ou estratégia, a gestão arrisca não só a integridade do seu "navio", mas também a direção e o progresso da sua viagem.

Este "barco" compósito pode impressionar à primeira vista com o seu design não convencional e a sua aparente singularidade. Promete uma solução à medida, uma resposta a todos os desafios que a empresa enfrenta. Mas, sem uma verdadeira compreensão da arquitetura naval, ou seja, sem um entendimento profundo e adaptativo da forma como os princípios ágeis podem ser integrados e aplicados com sucesso, este navio não está em condições de navegar. É um pesadelo flutuante que, em vez de enfrentar as ondas, ameaça quebrar-se ao primeiro encontro com a dificuldade.

Esta abordagem, que privilegia a singularidade e a personalização sem ter em conta a necessidade de compreensão e de coerência, pode conduzir a empresa a águas perigosas. Corre o risco de desperdiçar recursos, desmoralizar a equipa e, em última análise, impedir a empresa de atingir os seus verdadeiros objetivos. A lição aqui é clara: a verdadeira navegabilidade - e o verdadeiro sucesso empresarial - não provém de um conjunto "aleatório" de conceitos, mas da geração contínua de conhecimentos especializados dentro da organização e do seguimento do princípio Shu-Ha-Ri.

A Terceira Via - A Expedição Secreta

A terceira estrada, uma odisseia que mais parece um enigma terrorífico do que uma viagem, arrasta os seus viajantes para um turbilhão de segredos e incertezas. É como se uma tripulação corajosa embarcasse num navio que não é conduzido por um capitão experiente, mas por sombras e ecos. Esta expedição, envolta em trevas, esconde o seu verdadeiro destino daqueles que são suficientemente corajosos para zarpar, aprisionando os seus corações numa teia de sussurros e planos ocultos.

Desde o início, este navio - qual frágil arca no mar infinito do mundo empresarial - é uma conglomeração de partes da primeira e da segunda vias. É como se os arquitectos tivessem reunido um pouco de tudo, mas sem a cola da compreensão capaz de manter unidos estes elementos díspares. Os líderes, os comandantes desta audaciosa empresa, murmuram fragmentos de estratégias que mal compreendem, como se fossem encantamentos sagrados destinados a apaziguar os furiosos deuses do mar. Mas estas mensagens pouco claras servem antes para atiçar as chamas da incerteza que ardem nos corações dos seus tripulantes.

Os membros da tripulação, as almas corajosas deste navio enigmático, navegam num mar sem horizonte. Sentem o convés balançar sob os seus pés a cada decisão tomada mais por medo do que por confiança. O silêncio em que se encontram é opressivo, um mundo em que até o ranger do navio soa como um suspiro de resignação. Os seus olhares encontram-se frequentemente na escuridão da noite, cheios de perguntas para as quais ninguém parece ter resposta.

Neste ambiente de meias verdades e de suposições, o caminho que seguem não passa de uma ilusão. Os mapas de que dispõem são folhas de papel em branco, linhas e caminhos traçados por uma mão invisível e apagados com a mesma rapidez. Não há nenhum farol ao longe, nenhuma promessa de um porto seguro, apenas a hesitação interminável e o ocasional lampejo de esperança cheio de medo, que é rapidamente apagado pela próxima onda de confusão.

Neste mundo de meias sombras e desconfiança tácita, a própria viagem torna-se uma metáfora para a perda e o desespero silencioso que todos carregam nos seus corações. É uma viagem sem destino, uma busca sem promessa, um canto de sereia que arrasta inexoravelmente o navio e a sua tripulação para as profundezas do oceano desconhecido e inexplorado.

A odisseia da transformação em três actos

Nas profundezas insondáveis do oceano dos negócios, vimos três navios, cada um a caminho da destruição, marcados pelas provações e tribulações de estratégias mal navegadas. O primeiro caminho, um navio poderoso que se afundou por arrogância e irreflexão, refletia o perigo de confiar apenas em conhecimentos teóricos sem os complementar com a aplicação prática. O segundo caminho, uma estranha manta de retalhos, composta por métodos retirados de vários quadrantews, e reunidos sem compreensão ou contexto, mostrou-nos que, sem uma base sólida e respeito pelas fases de aprendizagem - Shu Ha Ri -, não é possível qualquer progresso sustentável. O terceiro caminho, uma viagem através da escuridão da ignorância e da incerteza, foi uma recordação dolorosa de como a falta de objetivos claros e a tomada de decisões descentralizada podem desviar uma organização do seu rumo.

Mas dos destroços destas expedições falhadas está a emergir um mapa para o sucesso. Para aqueles que escolheram o primeiro caminho, a salvação está na fusão do pensamento e da ação. Chegou o momento de colmatar o fosso entre a teoria e a prática para desenvolver uma compreensão baseada no mundo real dos negócios. Os líderes precisam de subir ao convés, sentir o vento nas suas velas e trabalhar ao lado da sua tripulação para compreender verdadeiramente as nuances do seu navio.

Aqueles que se perdem no segundo caminho caótico devem adotar a filosofia de Shu Ha Ri para alcançar a verdadeira mestria. Para isso, têm de compreender que a verdadeira perícia requer mais do que uma mistura de conceitos; exige uma viagem progressiva da imitação à assimilação e à inovação. Aprenderão que a experiência não é apenas uma função do conhecimento, mas da compreensão vivida, sentida e experimentada.

Para as almas infelizes da terceira via, a reviravolta passa pela coragem de tomar decisões descentralizadas, dando à tripulação o poder de assumir o leme. Mudar o enfoque da mera produção para um resultado significativo não só fará o navio avançar, mas também na direção certa.

O mar dos negócios está cheio de incertezas, mas, para aqueles que estão dispostos a aprender com os seus erros e a adaptar-se às marés, há sempre esperança no horizonte. Espera-nos um mundo em que as empresas não só sobrevivem, mas prosperam; um futuro em que as equipas trabalham em conjunto não por necessidade, mas por uma busca partilhada da excelência; e um destino em que o sucesso não se define por chegar à costa, mas pela viagem que se faz, pelos desafios que se ultrapassam e pelas descobertas que se fazem pelo caminho.

Um novo horizonte ~ Três saídas para o labirinto da uniformidade

Num mundo em constante mudança, as empresas enfrentam um labirinto de uniformidade no qual os velhos mapas e as agulhas da bússola já não conseguem indicar o caminho. No entanto, há saídas para este labirinto - três escapatórias que mostram aos corajosos e sábios uma nova direção.

A primeira saída: A odisseia marítima dos mapas exatos

Aqui a viagem começa com a constatação de que os velhos mapas já não refletem a verdade do mar. É uma viagem que nos ensina que a verdadeira navegação exige uma vontade de redesenhar os mapas, não com tinta, mas compreendendo as correntes do mercado e os ventos da mudança.

A segunda saída: De wolpertingers e mestres do mar ~ A odisseia para a mestria ágil

Este caminho conduz-nos através da filosofia de Shu Ha Ri, onde a verdadeira mestria não reside na imitação rígida, mas na adaptação fluida e, em última análise, na inovação criativa. É um caminho que nos mostra como sair das sombras da convenção e entrar na luz da realização.

A Terceira Via de Saída: A Expedição Secreta ~ Da Sombra da Terceira Via

O último recurso leva-nos às expedições ocultas que se libertaram das amarras da chamada "terceira via". É um caminho que nos ensina que a verdadeira mudança não está nos números e dados que medimos, mas nas histórias e experiências que criamos.

Estas três saídas são mais do que rotas de fuga à estagnação; são convites para uma viagem que nos leva não só a um novo lugar, mas a uma nova forma de estar. Desafiam-nos não só a pensar de forma diferente, mas também a viver de maneira distinta, num mundo que já não gira em torno do "quê", mas do "porquê" e do "como".

Junte-se a nós nesta viagem para as três saídas que não só transformarão as nossas empresas, mas também as nossas almas.

Como chegou ao fim a odisseia marítima dos mapas exatos

Um veleiro, imerso nas águas da imprevisibilidade, descobre que o primeiro caminho para o desastre é muitas vezes um mapa cheio de enganos. É o mapa do planeamento excessivo e da navegação demasiadamente cautelosa, desenhado com o tinteiro da ilusão de que cada milha, cada rajada de vento, cada mudança de corrente é previsível, controlável. As empresas com este mapa acreditam que podem atravessar os oceanos da transformação com uma rota definida com precisão, ignorando as ondas caprichosas da mudança.

Mas o mar da mudança é uma entidade viva, indomável e imprevisível. Dança ao ritmo das marés, seduzido pelos caprichos da lua, e qualquer navio que tente traçar as suas rotas vê-se enredado numa teia de ondas e correntes que não prestam atenção aos planos humanos. A suposição de que a transformação é um mar calmo, disposto a ceder à vontade da bússola e do sextante, é uma perigosa ilusão marinha. Na realidade, é um oceano tempestuoso que atira os navios para águas desconhecidas, onde os monstros esperam e as sereias cantam.

No século XXI, o mundo libertou-se das amarras da previsibilidade e tornou-se um mar revolto, caracterizado por teias de interdependências e ondas tecnológicas. Os ventos da globalização criaram novas correntes que se transformam em interações turbulentas, enquanto o progresso tecnológico, como um farol, ilumina os penhascos do possível, muitas vezes sem indicar o caminho para a costa segura. Neste oceano, os velhos métodos de navegação não só são inadequados, como são frequentemente perigosos.

A centralização da tomada de decisões, uma relíquia das antigas tradições marítimas, está a mostrar as suas fissuras face ao mar revolto. O pressuposto de que um capitão, fechado na sua cabina, longe dos conveses e do salitre, pode tomar as melhores decisões, é tão desastrado como um naufrágio. A verdade vive em cada marinheiro, na mão que segura o leme, nos olhos que reconhecem a tempestade no horizonte. É uma verdade que se manifesta na fusão do pensamento e da ação, na adaptação espontânea ao ritmo das ondas.

As estruturas descentralizadas despertam este espírito, entregando o leme àqueles que sentem a espuma das ondas na ponta dos dedos. Favorecem uma tripulação que respira em uníssono com o mar, que é capaz de zarpar com os ventos da mudança, que não só reage às tempestades como as antecipa, que as pressente muito antes de elas escurecerem o horizonte.

Os velhos mapas, outrora considerados indispensáveis, estão a desvanecer-se. A tinta com que foram escritos esgotou-se perante a complexidade. É tempo de virar o leme, mudar de rumo e zarpar para as marés de incerteza com a confiança de que a tripulação, quando livre, pode navegar o navio através de qualquer tempestade. Esta odisseia marítima não é o fim, mas um novo começo, um convite para abraçar os oceanos de possibilidades sem medo das incertezas que eles encerram.

A odisseia marítima é uma dança com o desconhecido, um salto ousado para as profundezas da mudança, onde a única certeza é o próprio movimento. É uma viagem que as empresas do século XXI não devem temer, mas antes celebrar, pois nestas águas desconhecidas encontramos não só desafios, mas também as possibilidades indomáveis do futuro.

Navegar contra a tempestade: como os navios com tomada de decisão descentralizada navegam nas marés da transformação

Imagine um poderoso navio à vela, o reino de um velho e orgulhoso almirante que domina o mar. Tradicionalmente, este dirige o navio a partir da sua cadeira de capitão, no alto do convés, vendo sozinho para que lado sopra o vento e decidindo o rumo a tomar. Este navio representa a tomada de decisões centralizada, em que cada linha, cada mudança de vela, cada novo rumo é ordenado a partir desta posição central e elevada. É um sistema de ordem, hierarquia e unidade, mas também um sistema que acompanha lentamente os ventos da mudança.

Agora, no denso nevoeiro da incerteza económica e das rápidas mudanças, este navio monolítico cambaleia. As ordens do almirante têm de ser laboriosamente transmitidas pelas outras fileiras, de convés em convés, por megafones estridentes e através de uma cadeia de mensageiros, até chegarem finalmente aos ouvidos dos marinheiros que içam as velas e manobram os lemes. É uma dança lenta, que torna o navio lento e desajeitado contra os ventos sempre inconstantes do mar.

Depois, há a flotilha de barcos mais pequenos e ágeis, que navegam pelo mar em conjunto. Cada barco desta flotilha é dono do seu próprio destino, dirigido por um capitão que se encontra entre a tripulação, sente o vento, prova o sal e muda rapidamente de rumo consoante a direção e a corrente que sopra. Estes barcos representam a tomada de decisões descentralizada.

Neste punhado de navios, nesta ágil flotilha, cada embarcação é responsável pela sua própria sobrevivência. Comunicam entre si de forma rápida e eficiente, avisam-se mutuamente das tempestades e partilham os despojos. São resistentes, porque, mesmo quando um navio tem dificuldades, os outros permanecem fortes e reativos, apoiando-se e aprendendo com os desafios mútuos.

No mundo da transformação, é como derrubar a orgulhosa hierarquia do navio monolítico e transformá-lo numa frota de embarcações ágeis e reativas, que navegam os mares com velocidade e determinação. Onde outrora o velho almirante olhava com tristeza para o seu império, existe agora uma multidão de capitães a tomar decisões em tempo real, a adaptar-se, a colaborar e a navegar nos mares agitados das mudanças do mercado e necessidades dos clientes.

Esta revolução marítima na tomada de decisões é um ponto de viragem crucial na história marítima do mundo dos negócios. É o reconhecimento de que, embora o grande e velho navio possa ser majestoso e imponente, são os navios rápidos e manobráveis que estão a enfrentar as tempestades, a encontrar os tesouros e a navegar o futuro nas ondas imprevisíveis do mercado.

Registo no diário de bordo

E assim termina a nossa história de marinheiros, não com uma brisa calma, mas com uma alegre tempestade de riso e realização. Como diziam os velhos marinheiros: "Um navio feliz é um navio rápido!" e, no mundo dos negócios, isto não poderia ser mais verdadeiro.

Nos mares agitados do mundo dos negócios, não é o mais forte ou o maior que sobrevive, mas sim aquele que está preparado para virar o leme rapidamente, zarpar em todas as direções e navegar nos mares mais tempestuosos com um sorriso no rosto. São os capitães que riem quando a chuva os encharca, que cantam quando as ondas batem no convés, e que se atrevem a dançar quando os relâmpagos iluminam o céu noturno.

Centralização? Uma brisa forte que pode rasgar a vela! Planeamento excessivo? Um recife oculto prestes a destruir o nosso orgulhoso navio da eficiência! Não, nesta odisseia de transformação, são os navios que dançam, riem e improvisam que chegam ao porto, carregados com os tesouros do sucesso e da inovação.

Por isso, orgulhosos líderes, deitem fora as vossas cartas, sintam o vento nos vossos cabelos e aprendam a alegre dança da navegação ágil! Porque, afinal, é a alegria que traz velocidade, a camaradagem que estabiliza o leme e o riso que nos guia nas noites mais escuras.

Que a nossa flotilha empresarial continue a navegar corajosamente onde nenhum navio monolítico alguma vez conseguiu chegar. Com uma canção no coração e um sorriso nos lábios, dirigimo-nos para um futuro tão vasto e maravilhoso como o próprio mar. Em frente, capitães da indústria, que as vossas decisões sejam tão rápidas e alegres como as ondas que anunciam a nossa próxima grande aventura!

De Wolpertingers e Mestres do Mar ~ A odisseia para o domínio ágil

Um navio em forma de Wolpertinger, uma quimera do reino das fábulas, desliza pelos mares turbulentos do mundo dos negócios. É constituído por fragmentos de várias embarcações, fruto do desespero e da convicção ilusória de que só um único navio poderia sobreviver às tempestades ferozes. Este navio simboliza as empresas que decidem forjar os seus próprios métodos porque acreditam que as estruturas testadas e comprovadas, como o Scrum, não respondem aos seus desafios únicos.

Mas aqui reside um grande mal-entendido sobre a agilidade, escondido nas profundezas das tábuas do navio de Wolpertinger. A agilidade dança nas ondas da experiência e da melhoria contínua, não pode ser espremida num espartilho de contextos rígidos e domésticos. Aqui, a essência viva e pulsante da experiência é confundida com o esqueleto rígido do conhecimento, resultando numa criatura grotesca condenada ao fracasso.

O conhecimento, o velo de ouro dos eruditos, habita os corredores do nosso intelecto, uma coleção de jóias brilhantes - informações, factos, conceitos -, adquiridas através do estudo, da observação ou da troca. É o território da teoria, das estratégias traçadas em mapas que nunca sentiram o toque áspero do vento.

A experiência, por outro lado, é como o velho cão de mar cujas mãos estão marcadas pela prática. Vem através da ação, navegando em mares tempestuosos, experimentando brisas e tempestades em igual medida. A experiência é a pedra de toque do conhecimento, o lugar onde as teorias são testadas, onde podem ser quebradas, reforçadas e fortalecidas.

Aqui, entre as falésias do conhecimento e os remoinhos da experiência, navegamos nas ondas do Shu Ha Ri, um conceito da arte do samurai que mostra o caminho da imitação à assimilação e à inovação.

Shu: Na primeira fase, denominada "Shu", somos estudantes fiéis da tradição. Seguimos práticas estabelecidas como o Scrum com respeito e precisão, aprendendo as regras e aderindo a elas, tal como um aprendiz segue os movimentos do seu mestre. É aqui que o Scrum nos protege das tempestades da distração e do caos, proporcionando-nos um porto seguro para a estrutura.

Ha: Quando entramos na fase "Ha", começamos a questionar e a aceitar as regras. Aqui, tal como um marinheiro adolescente a aprender a defender-se sozinho, tomamos por fim as nossas próprias decisões, ainda dontro da estrutura, mas com uma maior compreensão e adaptação à nossa viagem única. O Scrum serve como uma bússola, apontando-nos na direção certa, mas algo que agora já interpretamos e adaptamos à medida que compreendemos os ventos e as correntes dos nossos próprios mares organizacionais.

Ri: Finalmente, na fase "Ri", tornamo-nos mestres da nossa arte. Quebramos as regras, mas respeitamos e entendemos a sua essência. Como capitães experientes, navegamos o nosso navio de forma intuitiva, já não limitados por livros didáticos, mas livres para mudar de rumo conforme o momento o exija. O Scrum é agora uma parte de nós, uma bússola interna, interiorizada e adaptada às nossas necessidades.

O navio Wolpertinger, construído sem estes princípios, está condenado ao fracasso. É um pesadelo flutuante, pronto a quebrar à primeira onda. As empresas devem embarcar na viagem através do Shu Ha Ri para se tornarem verdadeiramente marítimas. Devem aprender o ofício desde o início, construindo os seus barcos não a partir da incompreensão e do desespero, mas a partir da força, compreensão e adaptabilidade. Só então serão capazes de navegar com sucesso nos mares tempestuosos do mundo dos negócios e transportar a sua preciosa carga em segurança através das águas agitadas do mercado.

Um Scrum Wolpertinger

Shu Ha Ri, filosofia que tem as suas raízes nas artes marciais tradicionais japonesas, pode ser metaforicamente aplicada ao desenvolvimento organizacional e à sua abordagem aos métodos ágeis, como o Scrum. É uma viagem que leva uma qualquer organização da conformidade estrita até à compreensão crítica e autossuficiência inovadora, tal como um navio que se constrói e melhora ao longo do tempo para enfrentar os desafios crescentes do alto mar.

Shu (守: "preservar"): Esta fase inicial é comparável à construção do casco de um navio, a parte mais fundamental que o mantém à tona. Durante esta fase, as empresas seguem rigorosamente a estrutura prescrita e os métodos estabelecidos no Scrum. Preservam a tradição e as melhores práticas para criar uma base sólida. Este não é um momento para um navio Wolpertinger; nem para a experimentação selvagem com partes não testadas ou a junção de práticas inconsistentes. Tal como um casco deve ser construído de acordo com determinadas especificações para estar em condições de navegar, o foco dos métodos ágeis nesta fase deve ser preciso e inalterado para colocar a organização no rumo certo.

Ha (破: "inovar"): Quando o navio - ou, neste caso, a empresa - chega ao alto mar e encontra as primeiras tempestades, tem início a fase "Ha". É nesta etapa que o convés, os mastros e as velas são fixados, mas cada elemento continua a ser ajustável. As empresas interiorizaram as regras e os métodos Scrum e começam a analisá-los criticamente. Compreendem não só como fazem as coisas, mas também porquê. Nesta fase, é permitido o surgimento de partes do "barco Wolpertinger": soluções inovadoras e personalizações que surfam nas ondas da experiência e da compreensão. No entanto, estas partes devem ser cuidadosamente selecionadas e testadas para não pôr em causa a integridade do barco. A empresa foge à conformidade rígida e adapta as suas estratégias aos desafios e condições únicos que encontra no mar.

Ri (離: "romper"): Finalmente, quando o navio tiver dominado o oceano e cada parte e costura tiver passado por tempestades e mares calmos, a fase "Ri" tem início. A empresa compreendeu e integrou plenamente os métodos ágeis; estes tornaram-se parte do seu ADN. Está agora pronta para "quebrar" as regras e seguir o seu próprio caminho. O navio Wolpertinger já não é um mosaico, mas uma obra-prima feita à medida que se baseia nas fases anteriores. Este é o momento para a criatividade e inovação, para desenvolver soluções únicas que vão além do que os quadros existentes prescrevem. No entanto, esta liberdade não resulta de uma falta de respeito pela tradição, mas do seu profundo conhecimento e domínio.

O navio Wolpertinger, que nasce demasiado cedo na fase "Shu", não está em condições de navegar, é um perigo para si mesmo. Só quando a empresa passa pela fase "Ha", e se aproxima da fase "Ri" é que a embarcação Wolpertinger pode emergir em todo o seu esplendor e singularidade, fruto da experiência, compreensão e de um profundo domínio dos princípios e práticas ágeis. Nesse caso, não se trata de caos, mas de inovação harmoniosa.

Registo no diário de bordo

Ah, bravos capitães e hábeis construtores navais, deixemos de lado os binóculos e façamos um balanço com um brilho no olhar. Que viagem pelos mares tempestuosos da agilidade, cheios de míticos navios Wolpertinger que mais pareciam embarcações em garrafas, presas entre si nos mares tempestuosos.

Aprendemos que montar um navio a partir das peças mais heterogéneas e aparentemente exóticas – por mais tentador que possa parecer – não nos torna necessariamente os donos orgulhosos de um galeão em condições de navegar. Pelo contrário, apenas nos fez ter um mosaico sobre as ondas, pronto a rebentar ao primeiro sopro.

Mas depois veio Shu Ha Ri, luminosa como a
Estrela do Norte no céu noturno, para nos
mostrar o caminho. Desde a primeira fase, em
que aprendemos os alicerces da construção
naval (Shu), passando pela experimentação de
novos materiais e técnicas (Ha), até à mestria
do nosso ofício, em que aprendemos a construir
o nosso próprio navio (Ri), que não só resistiria
às tempestades, como dançaria com
graciosidade perante delas.

Então, o que é que nós, capitães de indústria
e mestres da construção naval, retiramos desta
viagem? Que o verdadeiro caminho para a
mestria reside na compreensão, adaptação e,
em última análise, no domínio da arte da
construção naval. Um Wolpertinger pode ser
uma curiosidade, mas, sem uma base sólida e
a compreensão da sua conceção, nunca será
mais do que uma escultura no porto.

A viagem para o domínio da agilidade, senhores e senhoras, é como a descoberta de novos continentes: não é curta nem fácil, e certamente não é isenta de uma ou duas fissuras no casco. Mas, tendo Shu Ha Ri como a nossa bússola, além de um sorriso no coração, não só aprenderemos a sobreviver às tempestades, como a dançar com elas.

Que os vossos navios Wolpertinger passem de frágeis curiosidades a orgulhosos porta-estandartes da inovação. Naveguem para novos horizontes, capitães, e que o vento da agilidade sopre sempre nas vossas velas!

A Expedição Secreta ~ Da Sombra da Terceira Via

Como se emergisse das brumas do desespero, há uma expedição oculta que se libertou das amarras da chamada "terceira via". Este caminho para o desastre, caracterizado por uma equipa-sombra que se fazia passar por guardiã da mudança, tinha-se entrincheirado nas câmaras escuras do isolamento. Com planos frágeis como teias de aranha, tentaram capturar a essência viva da transformação, sem se aperceberem de que a verdadeira mudança flui tão livremente como o próprio vento.

Mas, nesta expedição escondida, longe dos rígidos corredores fatais do pensamento e da ação, uma nova melodia fez-se ouvir. Uma sinfonia que ressoava no coração de cada pessoa, um suave despertar que consumia as sombras da terceira via. Este corajoso coletivo, armado com a compreensão de que a verdadeira transformação nasce nos corredores do diálogo e unidade, colmatou o fosso que separava os arquitectos da mudança daqueles que iriam executar os seus planos.

Afastando-se da luz enganadora do que é produzido, que não é senão a ilusão do progresso, voltaram-se para o suave brilho dos resultados. Essa luz, nascida dos profundos desejos e esperanças daqueles a quem procuraram servir, pintou um quadro não apenas do trabalho que fizeram, mas das almas que tocaram, das vidas que mudaram. Não contaram os passos que deram, mas as pegadas que deixaram nas areias do tempo.

Nesta expedição secreta, a mudança não era vista como uma declaração de guerra em que as estratégias eram empunhadas como espadas. Pelo contrário, era uma dança, um convite para que todos dessem as mãos e balançassem juntos ao ritmo da renovação. Um processo amplificado não pelos ecos do isolamento, mas pela harmonia dos corações que batem em uníssono.

As letras que tinham diante de si já não eram folhas de papel em branco, desenhadas e apagadas por mãos invisíveis. Eram vivas obras de arte, mudando a cada respiração, com linhas desenhadas pela tinta da experiência, empatia e encontro genuíno. Cada caminho neste mapa tinha o potencial de acender um farol ao longe, a promessa de um porto escondido na alma coletiva de cada indivíduo.

Assim, esta expedição secreta zarpou, já não impelida pelos ventos tempestuosos da desconfiança, mas pela brisa suave da esperança. Compreenderam que não era a terra que tinham de conquistar, mas os corações daqueles que navegavam com eles. Neste mundo de almas ligadas e sonhos partilhados, a sua viagem não se tornou numa perda e num desespero silencioso, mas numa odisseia vibrante de mudança, amor e potencial infinito.

Em harmonia com o horizonte: a sinfonia da descoberta coletiva

No mar infinito do que vai mudando, longe do velho mundo da produção rígida, um navio desliza suavemente sobre as ondas da mudança. Não se trata de um navio qualquer, mas de uma comunidade de exploradores com os olhos postos no horizonte, na descoberta de um novo continente: o Resultado.

A bordo deste navio não há nenhum autocrata, nenhum capitão que emita ordens como raios de uma nuvem oculta. Aqui, sob o vasto céu de possibilidades, cada marinheiro, cada navegador, cada homem e cada mulher fazem parte de uma hierarquia fluida, baseada na perícia e perspicácia que cada momento exige.

A colaboração começa com uma compreensão partilhada do objetivo: as margens verdes do novo continente. Este objetivo, tão claro como o sol do meio-dia no mastro, ilumina cada tarefa, cada contribuição. Todos sabem porque içam as velas, porque apertam os cabos, porque vigiam na escuridão da noite. Não é a frequência das braçadas que conta, mas a compreensão partilhada de que cada uma destas os aproxima da costa, de que cada deslize suave sobre uma onda significa uma ligeira aproximação ao objetivo.

Em vez de trabalhar segundo uma ordem prescrita, a tripulação de remo sente a velocidade do mar e adapta intuitivamente as suas remadas. Sabem que não é a velocidade a que remam, mas a interação das suas forças e a sua compreensão das correntes que os levarão eficazmente para a frente. A sua coordenação é uma dança na água, um ballet em que cada remada é uma expressão do esforço coletivo.

Os navegadores, libertos dos limites do comando e controlo, partilham a sua sabedoria com a tripulação. Não só traçam rotas nos mapas, como também inspiram com histórias sobre o que está para além do horizonte. Estão atentos aos sinais meteorológicos, às estrelas no céu noturno, e transmitem as suas descobertas para que todos conheçam e compreendam a rota.

A comunicação é a água que alimenta as linhas de vida do navio. Flui aberta e livremente, alimentando cada decisão e cada troca de ideias. Em vez de ordens, há diálogos; em vez de regras, há acordos. O navio é conduzido não pela autoridade de um indivíduo, mas pela inteligência coletiva de todas as almas a bordo.

E, assim, no vasto oceano da transição, este navio navega para a frente, levado pelos ventos da visão partilhada. Cada membro da tripulação contribui igualmente para o destino, trazendo as suas forças individuais e honrando a viagem partilhada. O destino, o novo continente, não é apenas um lugar físico que esperam alcançar, mas um símbolo dos seus valores e esperanças partilhados, de um futuro que querem forjar em conjunto.

Quando o navio cruza finalmente a linha de prata do novo continente, não é a chegada de um indivíduo que lá põe os pés, mas o despertar de toda uma comunidade que entra num novo mundo em conjunto.

Registo no diário de bordo

E aqui está, caros espectadores, o clímax dramático da nossa pequena história náutica. No final do dia, quando o último raio de sol desaparece por detrás do horizonte e os salpicos do mar se misturam com a luz das estrelas, torna-se claro: o jogo do desempenho versus resultado é como tentar medir o mar com uma rede de pesca: alguns peixes são apanhados, mas o mundo marinho permanece insondável.

Aprendemos que quebrar as velhas cadeias de separação entre o pensamento e a ação não é um empreendimento tranquilo, longe disso! Foi como atirar uma mensagem numa garrafa para o fosso da orquestra e esperar que a sinfonia começasse. Uma sinfonia em que cada músico não só conhece as suas notas, mas também compreende como a sua melodia contribui para o todo.

O capitão, outrora um cronometrista tirânico que ditava cada golpe do remo, assemelha-se mais agora ao maestro principal de uma orquestra, em que cada um conhece as suas notas. A tripulação, outrora mera peça no tabuleiro de xadrez do mar, é agora uma exploradora corajosa que compreende que o ritmo das suas remadas é mais do que um simples movimento: é poesia em ação.

E, assim, com um piscar de olhos e um sorriso, os nossos heróis partem para o novo continente; já não como prisioneiros de uma expedição secreta, mas como parte de uma comunidade que sabe que o verdadeiro tesouro não está no número de quilómetros remados, mas nas histórias entrelaçadas de cada alma a bordo.

O navio pode ter deixado o porto com um plano, mas regressará com uma lenda. Uma lenda que narra como a interação entre a mão e o espírito, entre a produção e o resultado, entre um navio e a sua tripulação, navegou no mar infinito das possibilidades. Não como escravos de uma rota obstinadamente fixa, mas como amigos que navegam juntos contra o vento em busca de um objetivo que é maior do que a soma de todos os mapas, direções indicadas pela bússola e constelações de estrelas: o objetivo de um futuro partilhado.

Levantemos âncora e zarpemos, porque, neste mundo de infinitas possibilidades, a viagem é o maior tesouro, e as gargalhadas que partilhamos ao longo do caminho são o eco do nosso sucesso. Saúde, à viagem!

Última entrada do diário de bordo ~ Conclusão da viagem: A síntese dos Três Caminhos

O dia de hoje marca o fim da nossa viagem épica através das águas tempestuosas da transformação e da mudança. Percorremos os Três Caminhos do Conhecimento e explorámos as Três Saídas que nos conduziram para fora do labirinto da uniformidade. Aqui está um resumo das nossas descobertas:

Os três caminhos para a felicidade

A odisseia marítima dos mapas precisos ensinou-nos que a verdadeira navegação exige uma vontade de redesenhar os mapas uma e outra vez, de acordo com as realidades em constante mudança do mercado.

O barco Wolpertinger levou-nos através da filosofia Shu Ha Ri, onde aprendemos que a mestria reside na adaptação e na inovação, e não na imitação rígida.

A expedição secreta revelou que a verdadeira mudança não está nos números que medimos, mas nas histórias que contamos e nas experiências que proporcionamos.

As três saídas do labirinto da uniformidade

A odisseia marítima das cartas precisas mostrou-nos que o excesso de planeamento e de controlo pode levar-nos ao fracasso. Temos de aprender a navegar em harmonia com o imprevisível.

De Wolpertingers e Mestres do Mar - Compreender Melhor o Shu Ha Ri encorajou-nos a ir além da mera aplicação de métodos, para estabelecer uma ligação mais profunda e intuitiva com as nossas práticas.

À sombra da Terceira Via, ensinou-nos que o verdadeiro valor do nosso trabalho não reside em produções quantificáveis, mas em resultados que enriquecem a vida das pessoas para quem trabalhamos.

À medida que explorámos estes caminhos e partidas, aprendemos que a nossa viagem nunca chega verdadeiramente a terminar. Cada horizonte conduz a um outro e, com cada nascer do sol, voltamos a navegar, enriquecidos pelos conhecimentos e experiências do dia anterior.

Aprendemos que a transformação é uma viagem que nos leva tanto para dentro como para fora. É uma dança entre o que sabemos e o que ainda temos de descobrir. É uma conversa contínua entre o que fomos ontem e o que seremos amanhã.

Com estas reflexões, encerramos este diário de bordo, prontos para as aventuras que se avizinham, gratos pela sabedoria que acumulámos ao longo do caminho.

Mais expedições
A viagem continua com os 3Rs

Depois de termos percorrido os três caminhos do conhecimento,e explorado as três saídas do labirinto da uniformidade, estamos no início de um novo capítulo da nossa viagem. A próxima etapa conduz-nos aos 3R: o produto certo, no momento certo, para o cliente certo. Esta perspetiva tem como objetivo preparar-nos para os desafios e oportunidades que temos pela frente.

O produto certo

O nosso percurso ensinou-nos que não basta criar produtos que simplesmente existem. Temos de desenvolver produtos com impacto, que respondam às necessidades e desejos mais profundos dos nossos clientes. O método 3R desafia-nos não só a fazer o que podemos, mas a criar o que é necessário: produtos que não só funcionam, mas que inspiram.

No momento certo

O timing é tudo. Tal como as marés do mar e as fases da lua, temos de aprender a sentir o ritmo do mercado e a ajustar as nossas velas em conformidade. O momento certo para um produto significa captar o instante em que a procura e a disponibilidade se cruzam. Trata-se de sentir o pulso dos tempos e atuar no momento perfeito.

Adequado ao cliente

A sabedoria do último R ensina-nos que a nossa viagem não termina quando o produto deixa o porto. Continua até chegar em segurança às mãos dos destinatários. Compreender bem o cliente significa que os nossos produtos não só chegam, como também são aceites, valorizados e utilizados. Trata-se de criar uma ligação que vai além do transacional e cria um valor concreto.

Os 3Rs são o próximo passo natural na nossa viagem. Baseiam-se nas ideias das Três

Estradas e levam-nos a um lugar onde os nossos produtos não só existem, mas vivem nas mãos e nos corações dos nossos clientes. Com os 3Rs a servirem de bússola, estamos a desfraldar as nossas velas em direção a um futuro em que o sucesso não é medido apenas pelos números de vendas, mas pela satisfação genuína do cliente e pelo impacto duradouro.

Exploremos juntos este novo horizonte, com as lições que aprendemos e a sabedoria que ainda temos de adquirir. Em frente com os 3Rs, rumo a um futuro forjado em conjunto.

Aguardo com expetativa o que está para vir

René Schröder

Um apelo à tripulação ~ Deixe a sua voz navegar na Amazon

Marinheiros e exploradores da agilidade,

Depois de navegarem nas águas turbulentas de "Perdidos no Oceano da Agilidade", estão agora ao leme de um navio cheio de conhecimentos e ideias. É hora de compartilhar suas experiências e iluminar outros navegadores em sua jornada para o domínio da agilidade. A sua avaliação na Amazon é como um farol na noite, guiando e inspirando outros que se aventuram em águas semelhantes.

Porque é que as suas estrelas de navegação são importantes (críticas)

- **Bússola para futuros exploradores:** as suas críticas iluminam o caminho para outros que querem embarcar na sua própria viagem ágil.

- **Correção do rumo para a nossa próxima expedição:** os seus comentários são valiosos para aperfeiçoar os mapas e tornar as futuras edições ainda mais navegáveis.

- **Comunidade de descoberta:** Partilhe as suas descobertas e faça parte de uma equipa de pessoas com os mesmos interesses e empenhadas na agilidade e na transformação.

Como colocar as suas velas de avaliação na
Amazon

1. **Lançar a âncora na Amazon:** Vá para o seu navegador ou para a aplicação da Amazon.

2. **Definir o rumo do livro:** procurar "Perdido no oceano da agilidade" e abrir a página do livro.

3. **encontrar a porta das críticas:** desloque-se para baixo até à secção "Críticas dos clientes".

4. **coloque as estrelas no céu:** escolha entre 1 (quase sem vento) e 5 (vela cheia) estrelas para a sua crítica.

5. **Conte a sua história:** Clique em "Escrever uma crítica". Descreva a sua viagem com o livro: o que o iluminou, que tempestades poderiam ter sido evitadas?

6. **a sua mensagem numa garrafa:** verifique a sua crítica e envie-a.

Obrigado por fazeres parte desta grande expedição. As vossas palavras são como o vento nas nossas velas: empurram-nos a nós e a outras almas corajosas para a frente enquanto nos aventuramos no mar desconhecido da agilidade.

Com saudações aventureiras

René Schröder

www.ingramcontent.com/pod-product-compliance
Lightning Source LLC
Chambersburg PA
CBHW050506290526
45786CB00006B/2451